My First Czech
Alphabets

Picture Book with English Translations

Published By: MyFirstPictureBook.com

A
a

Ananas

Pineapple

Á á

Pták

Bird

B b

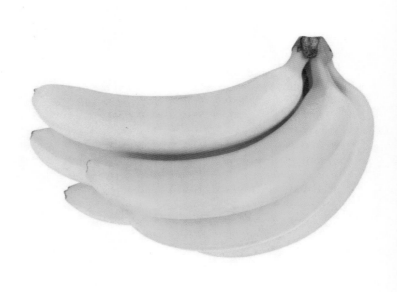

Banán

Banana

C
c

Cibule

Onion

Č č

Čepice

Cap

D d

Dům

House

Ď ď

Loď

Ship

E

e

Slunce

Sun

É é

Mléko

Milk

Ě ě

Hvězda

Star

F f

Farma

Farm

G
g

Glóbus

Globe

H h

Hodiny

Clock

Ch ch

Chleba

Bread

I i

Inkoust

Ink

Í í

Papír

Paper

J
j

Jablko

Apple

K k

Klíč

Key

L l

Letadlo

Airplane

M
m

Myš

Mouse

N
n

Nos

Nose

Ň

ň

Oheň

Fire

O o

Okno

Window

Ó ó

Citrón

Lemon

P p

Pes

Dog

Q
q

Quebec

Quebec (Part of Canada)

R

r

Ryba

Fish

Ř ř

Řeka

River

S s

Slon

Elephant

Š š

Šálek

Cup

T
t

Tygr

Tiger

Ť ť

Šťastný

Happy

U u

Ucho

Ear

Ú ú

Ústa

Mouth

Ů ů

Kůň

Horse

V
v

Vejce

Egg

W

w

Wales

Wales (Country)

X

x

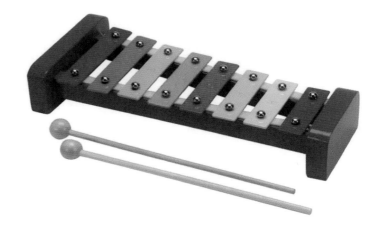

Xylofon

Xylophone

Y y

Vlasy

Hair

Ý ý

Brýle

Glasses

Z

z

Zvon

Bell

Ž ž

Žába

Frog

Printed in Great Britain
by Amazon

39384256R00025